나를 사랑하는 일에 서툰 당신에게

문장수집가

No.1 LOVE MYSELF

Prologue

나의 취미는 문장을 모으는 일

정체 모를 공허함과 알 수 없는 불안감 속에서
위안과 용기를 건네는 단 하나의 문장을 찾아서.

무수히 많은 언어의 홍수 속에서
『문장수집가』첫 호에 수집한 문장들은
'나를 사랑하는 법 Love Myself' 입니다.

진정한 위로가 필요할 때,
타인과 나를 비교하는 못난 마음이 들 때,
자괴감에 빠져 더는 앞으로 나아갈 힘이 없을 때,
당신의 마음을 움직인 단 하나의 문장이
있는 그대로의 나를 사랑하는 법으로 안내합니다.

더 나은 내가 되기 위해 애쓰기보다,
있는 그대로의 나를 받아들이세요.
진정한 나를 찾는 순간,
지금 당신에게 주어진 삶을 사랑하게 될 테니까요.

$A | é$

문장수집가 사용법

1
순서대로 읽지 마세요.

손에 책을 쥐었다면, 마음 가는 대로 책장을 펼쳐보세요.
무심코 펼친 책장 속 문장이
운명처럼 다가오는 순간을 경험해보세요.

2
가장 좋아하는 공간에 놓아두세요.

당신이 머무는 장소 중 마음이 가는 공간을 정한 후,
평소 아끼던 오브제나 문구류와 함께 놓아보세요.
시선이 그곳을 향할 때마다 기분이 좋아질 거예요.

3
문장을 소리 내어 읽어보세요.

책장을 넘기다 보면 유난히 마음이 가는
문장이 나타날 거예요.
그 문장을 입 밖으로 주문처럼 소리 내 음미해보세요.

HOW TO USE

4

마음에 드는 문장을 사진 찍어 보세요.

책장을 넘기다 마음에 드는 문장을 만나면,
스마트폰으로 사진을 찍어
배경화면으로 사용하거나 친구에게 메시지를 보내보세요.

5

손으로 기억하세요.

책의 마지막 부분에 있는 라이팅 노트에
마음을 움직인 문장을 외울 때까지 반복해서 적어보세요.
날짜와 함께 적어두면 시간이 흐른 후 꺼내어 볼 때,
그 순간의 감정이 고스란히 느껴질 거예요.

'아틀리에 드 에디토'의 다양한 소식이 궁금하다면,
인스타그램(@atelier_de_edito)을 팔로잉하세요.

NO NEED TO HURRY.
NO NEED TO SPARKLE.
NO NEED TO BE ANYBODY BUT ONESELF.

Virginia Woolf Novelist, 1882-1941

서두를 필요 없어요. 반짝일 필요 없어요. 자기 자신 말고는 다른 사람이 될 필요 없어요.

버지니아 울프, 소설가, 1882-1941

Just imagine if you don't even love yourself how do you expect anyone to love you. So first and foremost learn to love yourself by being who you are and not what the world wants you to be.

Scarlett Johansson Actress, 1984-

당신이 자신을 사랑하지 않는다면, 누가 당신을 사랑하겠어요.
세상이 원하는 당신이 아닌, 있는 그대로의 자신을 사랑하는 법을 배웠으면 합니다.

스칼렛 요한슨, 영화배우, 1984-

SO PLANT YOUR OWN GARDENS AND DECORATE YOUR OWN SOUL, INSTEAD OF WAITING FOR SOMEONE TO BRING YOU FLOWERS.

Jorge Luis Borges Novelist, 1899-1986

누군가가 꽃을 가져다주길 기다리는 대신,
여러분 자신의 정원을 가꾸고 여러분 자신의 영혼을 장식하세요.

호르헤 루이스 보르헤스, 소설가, 1899-1986

People will tell you what's important for you. But only you can know that. You have got to live life now. Like there's no time to waste.

from movie ≪Life≫, 2015

사람들은 당신에게 무엇이 중요한지 말할 거예요.
하지만 그건 여러분 자신만 알죠. 이제 당신의 삶을 사세요. 낭비할 시간이 없어요.

영화 ≪라이프≫(2015) 중에서

THE FEAR OF BECOMING OLD IS BORN OF THE RECOGNITION THAT ONE IS NOT LIVING NOW THE LIFE THAT ONE WISHES.

Susan Sontag Novelist, Critic 1933-2004

늘어가는 것에 대한 두려움은 지금 자신이 원하는 삶을 살고 있지 않다는 인식에서 비롯된다.

수전 손택, 소설가, 평론가, 1933-2004

Someday, somewhere - anywhere, unfailingly, you'll find yourself, and that, and only that, can be the happiest or bitterest hour of your life.

Pablo Neruda Poet, 1904-1973

언젠가, 어디에선가 - 어디서든, 끊임없이, 당신은 자신을 발견할 것이고,
그것만이 인생에서 가장 행복하거나 가장 쓴 시간이 될 것이다.

파블로 네루다, 시인, 1904-1973

I want to embrace the real me and I want you to embrace who you are, the way you are, and love yourself just the way you are.

Kate Elizabeth Winslet Actress, 1975-

나는 진짜인 나를 받아들이고 싶어요.
당신 또한 자신의 있는 그대로의 모습을 받아들이고 사랑하길 바랍니다.

케이트 윈슬렛, 영화배우, 1975-

The Only
is the Or

Journey
e Within.

Rainer Maria Rilke Poet, 1875-1926

유일한 여정은 마음 속의 여정이다.

라이너 마리아 릴케, 시인, 1875-1926

RATHER THAN FIGHTING REALITY, I CHOOSE TO ACCEPT WHAT'S IN FRONT OF ME AND GO WITH THE FLOW.

Kiki Kirin Actress, 1943-2018

현실과 싸우기보다는 내 앞에 있는 것을 받아들이고 흐름에 순응하는 쪽을 택합니다.

키키 키린, 영화배우, 1943-2018

The secret to life is to put yourself
in the right lighting. For some,
it's a Broadway spotlight, for others,
a lamplit desk. Use your natural powers -
of persistence, concentration, and
insight - to do work you love and work
that matters. Solve problems.
make art, think deeply.

Susan Cain Writer, 1968-

인생의 비결은 자신을 올바른 조명에 비추는 것입니다.
어떤 이들에게는 브로드웨이의 스포트라이트이고, 다른 이들에게는 등불이 켜진 책상입니다.
인내심, 집중력, 통찰력 등 여러분의 타고난 힘을 사용하여 여러분이 사랑하는 일을 하고
중요한 일을 하세요. 문제를 해결하고, 예술을 만들고, 깊이 생각해 보세요.

수잔 케인, 작가, 1968-

As soon as you trust yourself, you will know how to live.

Johann Wolfgang Von Goethe Novelist, Poet, Playwriter, 1749-1832

스스로를 신뢰하는 순간, 어떻게 살아야 할지 깨닫게 된다.

요한 볼프강 폰 괴테, 소설가, 시인, 극작가, 1749-1832

EVERYONE THINKS OF CHANGING THE WORLD, BUT NO ONE THINKS OF CHANGING HIMSELF.

Leo Tolstoy Novelist, Thinker, 1828-1910

모두가 세상을 변화시키려고 생각하지만, 정작 스스로 변하겠다고 생각하는 사람은 없다.

레프 톨스토이, 소설가, 사상가, 1828-1910

LIFE IS A SUM OF ALL YOUR CHOICES. SO, WHAT ARE YOU DOING TODAY?

Albert Camus Novelist, Playwriter, 1913-1960

인생은 당신이 선택한 모든 것의 합입니다.
그래서 오늘은 뭘 하실 건가요?

알베르 카뮈, 소설가, 극작가, 1913-1960

I don't care what people think about me. Never did, never will. Life is too short to be worrying about that.

Amy Winehouse Singer, 1983-2011

사람들이 나에 대해 어떻게 생각하든 상관 없어.
상관 없었고, 상관하지 않을 거야. 그런 걱정을 하기에 인생은 너무 짧아.

에이미 와인하우스, 가수, 1983-2011

TO KNOW WHAT YOU PREFER INSTEAD OF HUMBLY SAYING AMEN TO WHAT THE WORLD TELLS YOU YOU OUGHT TO PREFER, IS TO HAVE KEPT YOUR SOUL ALIVE.

Robert Louis Stevenson Novelist, 1850-1894

세상이 좋아하라고 하는 것을 그대로 받아들이기보다
당신이 무엇을 좋아하는지 아는 것이 당신의 영혼을 살아 있게 한다.

로버트 루이스 스티븐슨, 소설가, 1850-1894

A WISE MAN TRAVELS TO DISCOVER HIMSELF.

James Russell Lowell Critic, 1819-1891

현명한 사람은 자신을 발견하기 위해 여행한다.

제임스 러셀 로웰, 비평가, 1819-1891

Love yourself first
and everything else
falls into line.
**You really have to
love yourself**
to get anything done
in this world.

Lucille Ball Actress, 1911-1989

자신을 먼저 사랑하면 모든 것이 일치한다.
이 세상에서 뭔가를 이루기 위해서는 정말 자신을 사랑해야 한다.

루실 볼, 영화배우, 1911-1989

YOU REALLY HAVE TO
HAVE A GOAL.
THE GOAL POSTS
MIGHT SHIFT,
BUT YOU SHOULD
HAVE A GOAL.
KNOW WHAT IT IS
YOU WANT TO FIND OUT.

Zaha Hadid Architect, 1950-2016

진정한 목표가 있어야 해요. 목표가 바뀔 수도 있지만 목표가 있어야 합니다.
자신이 원하는 게 뭔지 알아야 해요.

자하 하디드, 건축가, 1950-2016

I think imperfections
mistakes are importa
good by making mista
be real by b

e important, just as

You only get to be

, and you only get to

g imperfect.

Julianne Moore Actress, 1960-

실수가 중요한 것처럼 결함도 중요하다.
당신은 실수를 함으로써 좋은 사람이 될 수 있고, 불완전함을 통해서만 진짜가 될 수 있다.

줄리안 무어, 영화배우, 1960-

FOR WHAT IT'S WORTH, IT'S NEVER TOO LATE
TO BE WHOEVER YOU WANT TO BE.
I HOPE YOU LIVE A LIFE YOU'RE PROUD OF
AND IF YOU FIND THAT YOU'RE NOT,
I HOPE YOU HAVE THE STRENGTH TO START OVER.

F. Scott Fitzgerald Writer, 1896-1940

내 말은, 네가 되고 싶은 사람이 되기에 늦은 때란 없다는 거야. 나는 네가 자랑스러운 삶을 살기를 바라고
만약 네가 그렇지 않다는 것을 알게 된다면, 나는 네가 다시 시작할 힘이 있기를 바라.

F. 스콧 피츠제럴드, 작가, 1896-1940

IT ISN'T WHAT WE SAY OR THINK THAT DEFINES US, BUT WHAT WE DO.

Jane Austen Novelist, 1775-1817

우리를 정의하는 것은 우리가 말하거나 생각하는 것이 아니라 우리가 행하는 것이다.

제인 오스틴, 소설가, 1775-1817

IT IS DIFFICULT TO FIND HAPPINESS WITHIN ONESELF, BUT IT IS IMPOSSIBLE TO FIND IT ANYWHERE ELSE.

Arthur Schopenhauer Philosopher, 1788-1860

자기 안에서 행복을 찾기는 어렵지만, 다른 곳에서 행복을 찾기는 불가능하다.

아르투어 쇼펜하우어, 철학자, 1788-1860

MAKE YOUR LIFE A DREAM, AND A DREAM A REALITY.

Antoine de Saint-Exupéry Novelist, Pilot, 1900-1944

당신의 인생을 꿈으로 만들고, 꿈을 현실로 만들어 보세요.

앙투안 드 생택쥐페리, 소설가, 비행기 조종사, 1900-1944

I know of no more encouraging fact than the unquestioned ability of a man to elevate his life by conscious endeavor.

Henry David Thoreau Writer, 1817-1862

인간에게 가장 용기를 주는 사실은
의식적인 노력으로 자신의 삶을 향상할 능력이 분명히 있다는 것이다.

헨리 데이비드 소로, 작가, 1817-1862

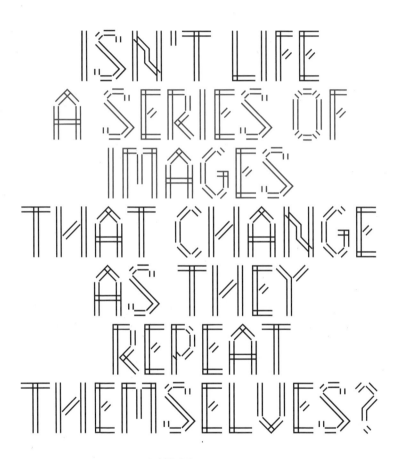

ISN'T LIFE A SERIES OF IMAGES THAT CHANGE AS THEY REPEAT THEMSELVES?

Andy Warhol Artist, 1928-1987

인생은 스스로 되풀이하면서 변화하는 모습의 연속이 아닐까?

앤디 워홀, 미술가, 1928-1987

WE CAN ENDURE MUCH MORE THAN WE THINK WE CAN.

Frida Kahlo Painter, 1907-1954

우리는 우리가 생각하는 것보다 훨씬 더 많이 견딜 수 있다.

프리다 칼로, 화가, 1907-1954

Respect your efforts,
Respect yourself,
Self-respect leads to
Self-discipline,

When you have both
firmly under yourbelt,
that's real power.

Clint Eastwood Film Director, 1930-

당신의 노력을 존중하라. 당신 자신을 존중하라. 자존감은 자제력을 낳는다.
이 둘을 모두 겸비하면, 진정한 힘을 갖게 된다.

클린트 이스트우드, 영화감독, 1930-

The self is not something ready-made, but something in continuous formation through choice of action.

John Dewey Philosopher, Educator, 1859-1952

자아는 이미 만들어진 것이 아니라 선택을 통해 계속 만들어가는 것이다.

존 듀이, 철학자, 교육학자, 1859-1952

is the First Requisite to Great Undertakings.

Samuel Johnson Poet, Critic, 1709-1784

자신감은 위대한 과업의 첫 번째 요건이다.

새뮤얼 존슨, 시인, 평론가, 1709-1784

If I have lost confidence
in myself,
I have the universe
against me.

Ralph Waldo Emerson Thinker, Poet, 1803-1882

나 자신에 대한 자신감을 잃으면, 온 세상이 나의 적이 된다.

랄프 왈도 에머슨, 사상가, 시인, 1803-1882

THINK O
THE BEA
STILL LI
AROUN
AND BE

Anne Frank Writer, 1929-1945

OF ALL

UTY

FT

O YOU

HAPPY.

주변에 아직 남아있는 아름다운 모든 것을 생각하고 즐거워하라.

안네 프랑크, 작가, 1929-1945

Night is always darker before the dawn and life is the same, the hard times will pass, everything will get better and sun will shine brighter than ever.

Ernest Hemingway Novelist, 1899-1961

밤은 항상 새벽보다 어둡고 인생도 마찬가지다. 힘든 시간은 지나간다. 모든 것이 괜찮아진다.
태양은 어느 때보다 밝게 빛날 것이다.

어니스트 헤밍웨이, 소설가, 1899-1961

THE GREATEST THING IN THE WORLD IS TO KNOW HOW TO BELONG TO ONESELF.

Montaigne Philosopher, 1533-1592

이 세상에서 제일 중요한 것은 어떻게 하면 내가 정말 나다워질 수 있는지를 아는 것이다.

몽테뉴, 철학자, 1533-1592

Life is a journey.
How we travel is really up to us.
We can just flow with the tide
or follow our own dreams.

Paulo Coelho Novelist, 1947-

인생은 하나의 여정이다. 우리가 어떻게 여행할 지는 우리에게 달려 있다.
우리는 단지 조류에 따라 흐르거나 자신의 꿈을 따를 수 있다.

파울로 코엘료, 소설가, 1947-

I ONLY KNOW HOW TO PLAY ONE ROLE: ME.

Karl Lagerfeld Fashion Designer, 1933-2019

나는 오로지 한 가지 역할만 할 줄 안다. 바로 내 자신.

칼 라거펠트, 패션 디자이너, 1933-2019

SELF-ESTEEM ISN'T EVERYTHING, IT'S JUST THAT THERE'S NOTHING WITHOUT IT.

Gloria Steinem Feminist Activist, 1934-

자존감이 전부는 아니다, 자존감 없이는 아무것도 없는 것이다.

글로리아 스타이넘, 여성인권운동가, 1934-

The Real Voyage of Discovery Consists Not in Seeking New Landscapes But in Having New Eyes.

Marcel Proust Novelist, 1871-1922

여행의 진정한 발견은 새로운 풍경을 찾는 것이 아니라 새로운 시각을 갖는 것이다.

마르셀 프루스트, 소설가, 1871-1922

THE TOOL OF EVERY SELF-PORTRAIT IS THE MIRROR. YOU SEE YOURSELF IN IT. TURN IT THE OTHER WAY, AND YOU SEE THE WORLD.

Agnes Varda Film Director, 1928-2019

모든 자화상의 도구는 거울입니다.
당신은 그 안에 있는 자신을 볼 수 있어요. 반대로 돌리면 세상이 보일 겁니다.

아녜스 바르다, 영화감독, 1928-2019

SMILE IN THE MIRROR. DO THAT EVERY MORNING AND YOU'LL START TO SEE A BIG DIFFERENCE IN YOUR LIFE.

Ono Yoko Artist, 1933 -

매일 아침 거울을 보며 미소를 지으면 당신 인생에 커다란 변화가 생길 것이다.

오노 요코, 미술가, 1933-

If we cannot love ourselves,
we cannot fully open
to our ability to love others
or our potential to create.

John Lennon Musician, 1940-1980

만약 우리가 자신을 사랑할 수 없다면, 우리는 다른 사람을 사랑하는 우리의 능력이나
창조하는 우리의 잠재력에 완전히 마음을 열 수 없다.

존 레논, 가수, 1940-1980

I'm as proud of what we don't do as I am of what we do.

Steve Jobs Entrepreneur, 1955-2011

우리가 이룬 것만큼, 이루지 못한 것도 자랑스럽다.

스티브 잡스, 기업가, 1955-2011

SUCCESS IS NOT THE KEY TO HAPPINESS. HAPPINESS IS THE KEY TO SUCCESS. IF YOU LOVE WHAT YOU ARE DOING, YOU WILL BE SUCCESSFUL.

Albert Schweitzer Doctor, 1875-1965

성공은 행복의 열쇠가 아니다. 행복은 성공의 열쇠이다.
당신이 만약 하고 있는 일을 사랑한다면 성공하게 될 것이다.

알베르트 슈바이처, 의사, 1875-1965

NEVER DOUBT THAT YOU ARE VALUABLE AND POWERFUL AND DESERVING OF EVERY CHANCE IN THE WORLD TO PURSUE YOUR DREAMS.

Hillary Clinton Politician, 1947-

당신이 가치 있고, 강력하며,
꿈을 추구할 수 있는 모든 기회를 가질 자격이 있다는 것을 의심하지 마세요.

힐러리 클린턴, 정치인, 1947-

WHY DO YOU MAKE EFFORTS COMMONLY, DON'T WANT TO LIVE COMMONLY!

John F. Kennedy The 35th U.S. President, Politician, 1917-1963

당신은 왜 평범하게 노력하는가.
시시하게 살길 원치 않으면서!

존 F. 케네디, 미국 35대 대통령, 정치인, 1917-1963

You may not be able to Alter Reality, But You can Alter Your Attitude Towards It, and This, Paradoxically, Alters Reality. Try It and See.

Margaret Atwood Novelist, 1939-

당신이 현실을 바꿀 수는 없을지라도, 당신의 태도는 바꿀 수 있습니다.
그리고 이것은 역설적으로, 현실을 바꿉니다. 한번 해보세요.

마가렛 애트우드, 소설가, 1939-

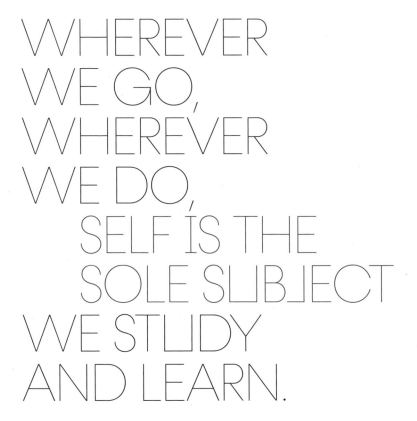

WHEREVER WE GO, WHEREVER WE DO, SELF IS THE SOLE SUBJECT WE STUDY AND LEARN.

Ralph Waldo Emerson Thinker, Poet, 1803-1882

우리가 어디를 가든, 무엇을 하든, 우리의 연구 대상은 한 가지, 바로 자기 자신이다.

랄프 왈도 에머슨, 사상가, 시인, 1803-1882

I WANT TO BE ABLE TO BE ALONE, TO FIND IT NOURISHING - NOT JUST A WAITING.

Susan Sontag Novelist, Critic, 1933-2004

나는 혼자 있을 수 있고, 그것이 단지 기다림이 아니라 내게 가치 있기를 바란다.

수전 손택, 소설가, 평론가, 1933-2004

Whether you have
a charm to fascinate
people or a femme
fatale charisma,
the strategies must be
based on '**Confidence**'
if you want to get
'**beyond What you see**'.

Candace Bushnell Columnist, 1958-

쾌활하고 즐겁게 사람을 끄는 매력을 지녔든지, 아니면 팜므 파탈적인 카리스마를 발휘하든지,
'보이는 그 이상의 것'을 얻으려면 반드시 '자신감'이 바탕이 되어야 한다.

캔디스 부시넬, 칼럼니스트, 1958-

BE YOURSELF. DON'T BE INTO TRENDS. DON'T MAKE FASHION OWN YOU, BUT YOU DECIDE WHAT YOU ARE, WHAT YOU WANT TO EXPRESS BY THE WAY YOU DRESS AND THE WAY TO LIVE.

Gianni Versace Fashion Designer, 1946-1997

당신 자신이 되라. 트렌드에 빠지지 마라.
패션이 당신을 소유하도록 두지 말고 당신이 누구인지,
당신의 옷 입는 방식과 살아가는 방식으로 무엇을 표현하고 싶은지 스스로 결정하라.

지아니 베르사체, 패션 디자이너, 1946-1997

WE FORFEIT THREE-FOURTHS OF OURSELVES IN ORDER TO BE LIKE OTHER PEOPLE.

Arthur Schopenhauer Philosopher, 1788-1860

우리는 남을 부러워하는 데 인생의 4분의 3을 쓰고 있지는 않은가.

아르투어 쇼펜하우어, 철학자, 1788-1860

All men's miseries derive from
not being able to sit in a quiet room alone.

Blaise Pascal Mathematician, Philosopher, 1623-1662

모든 인간의 불행은 조용한 방에 홀로 앉아 있을 수 없는 것에서 비롯된다.

블레즈 파스칼, 수학자, 철학자, 1623-1662

EVERY MAN TRIES TO DIRECT HOW I SHOULD LIVE. I'D RATHER DECIDE FOR MYSELF.

Anna Politkovskaya Journalist, 1958-2006

남자들은 모두 내가 어떻게 살아야 하는지 지시하려고만 한다.
나는 스스로 결정하는 편을 택하겠다.

안나 폴리코브스카야, 기자, 1958-2006

RECORD YOURSELF SO YOU CAN ENJOY THE MEETING WITH YOURSELF WHEN YOU GET OLDER.

Jean-Jacques Rousseau Philosopher, 1712-1778

당신이 더 나이 들었을 때 자신과의 만남을 즐길 수 있도록 자신을 기록하라.

장 자크 루소, 철학자, 1712-1778

I'D MUCH RATHER BE
THAN ATTRACTIVE. NO
FOREVER. IF THAT'S YO
CAN HAVE A ROUGH D

나이 들어서 매력적인 여성보다는 똑똑하고 재미있고 친절한 사람으로 남고 싶어요.
근사한 외모는 영원히 지속되는 것이 아니니까. 문제는 자신의 정체성이죠.
40대나 50대 혹은 60대에도 삶은 여전히 힘겨울 테니까요.

테리 해처, 영화배우, 1964-

NNY, SMART AND NICE
DY STAYS ATTRACTIVE
WHOLE IDENTITY, YOU
AT 40 OR 50 OR 60.

Teri Hatcher Actress, 1964-

TO BE A GREAT CHAMPION YOU MUST BELIEVE YOU ARE THE BEST. IF YOU'RE NOT, PRETEND YOU ARE.

Muhammad Ali Boxer, 1942-2016

위대한 챔피언이 되려면 자신이 최고라는 점을 믿어라. 만약 그렇지 않다고 해도 최고처럼 행동하라.

무하마드 알리, 권투 선수, 1942-2016

FREEDOM IS NOT GIVEN TO US BY ANYONE, WE HAVE TO CULTIVATE IT OURSELVES.

Leo Tolstoy Novelist, Thinker, 1828-1910

자유란 누가 그 누구에게 주는 것이 아니라, 단지 자기 자신에 의해서만 얻을 수 있다.

레프 톨스토이, 소설가, 사상가, 1828-1910

Aging gracefully is supposed to mean trying not to hide time passing and just looking a wreck. Don't worry girls, look like a wreck, that's the way it goes.

Jeanne Moreau Actress, 1928-2017

우아하게 나이 든다는 건 이걸 뜻한다.
'시간의 흐름'을 숨기려하지 말고, 일그러져가는 몰골을 내보여라.
소녀들이여 걱정말고, 그 몰골을 보여라. 원래 그런 것이다.

잔느 모로, 영화배우, 1928-2017

To love oneself is the beginning of a lifelong Romance.

Oscar Wilde Writer, 1854-1900

자신을 사랑하는 것이야말로 평생 지속되는 로맨스다.

오스카 와일드, 작가, 1854-1900

If you are to accomplish all that one demands of you, You must overestimate your own worth.

Johann Wolfgang von Goethe Novelist, Poet, Playwright, 1749-1832

인간이 자신에게 요구되는 바를 이뤄내기 위해서는
자신을 실제 모습보다 훨씬 훌륭하다고 여겨야 한다.

요한 볼프강 폰 괴테, 소설가, 시인, 극작가, 1749-1832

No one can make you feel inferior without your consent.

Eleanor Roosevelt Politician, Feminine Activist, 1884-1962

당신이 느끼는 열등감은 스스로 만든 것이다.

엘리너 루스벨트, 정치인, 여성 사회운동가, 1884-1962

No Matter What Other People Say, Live As Your Character.

Karl Marx Economist, Thinker, 1818-1883

남이 뭐라고 말하든 자신의 성격대로 살라.

칼 마르크스, 경제학자, 사상가, 1818-1883

YOU HAVE GOT TO DECIDE FOR YOURSELF WHO YOU ARE GOING TO BE. CAN NOT LET NOBODY MAKE THAT DECISION FOR YOU.

from movie ≪Moonlight≫, 2016

스스로 무엇이 될지를 정해야만 하는 순간이 올 거야. 누구도 그 결정을 대신 해줄 수는 없어.

영화 ≪문라이트≫(2016) 중에서

I was always looking outside myself for strength and confidence, but it comes from within. It is there all the time.

Anna Freud Psychologist, 1895-1982

나는 힘과 자신감을 찾아 항상 바깥으로 눈을 돌렸지만, 자신감은 내면에서 나온다.
자신감은 항상 그곳에 있다.

안나 프로이트, 심리학자, 1895-1982

You've al
crazy, t
the first ch
had to expr

ays been
s is just
nce you've
ss yourself.

from movie ≪**Thelma & Louise**≫(1991)

넌 원래부터 미쳐있었어. 이번이 진정한 너 자신을 되찾을 첫 번째 기회인 거야.

영화 ≪델마와 루이스≫(1991) 중에서

HE THAT WOULD BE SUPERIOR TO EXTER-NAL INFLUENCES MUST FIRST BECOME SUPERIOR TO HIS OWN PASSIONS.

Samuel Johnson Poet, Critic, 1709-1784

외적인 영향에 좌우되고 싶지 않다면 먼저 자기 자신의 격렬한 감정부터 초월해야 한다.

새뮤얼 존슨, 시인, 평론가, 1709-1784

YOU GOTTA HAVE STYLE.
IT IS A WAY OF LIFE.
WITHOUT IT, YOU'RE NOBODY.
I'M NOT TALKING ABOUT LOTS OF CLOTHING.

Diana Vreeland Fashion Journalist, 1903-1989

스타일을 가져야 한다. 스타일은 삶의 방식이며 스타일이 없는 당신은 아무것도 아니다.
여기서 스타일이란 단순히 많은 옷을 가지고 있는 것을 말하는 것이 아니다.

다이아나 브릴랜드, 패션 저널리스트, 1903-1989

TRY TO LOVE YOURSELF WAITING TO BE CALLED IN THE DEEPEST BOTTOM OF HEART. LIVE WITH IT.

Rainer Maria Rilke Poet, 1875-1926

마음의 아득한 밑바닥에서 부름을 기다리고 있는
당신 자신을 사랑하려고 노력하세요. 그리고 함께 살아보세요.

라이너 마리아 릴케, 시인, 1875-1926

IT IS MUCH MORE DIFFICULT TO JUDGE ONESELF THAN TO JUDGE OTHERS.

Antoine de Saint-Exupéry Novelist, Pilot, 1900-1944

남을 판단하는 것보다 자신을 판단하는 것이 훨씬 어렵다.

앙투안 드 생텍쥐페리, 소설가, 비행기 조종사, 1900-1944

NO MAN IS FREE WHO IS NOT MASTER OF HIMSELF.

Epictetus Thinker, A.D. 50 - A.D. 135

자기 자신의 주인이 아닌 자는 결코 자유인이 아니다.

에픽테토스 사상가, A.D. 50 - A.D. 135

Nature gives you the face you have at 20.

But at 50 you get the face you deserve.

Gabrielle Chanel Fashion Designer, 1883-1971

20대에 당신의 얼굴은 타고난 것이지만, 50대에 당신의 얼굴은 스스로 만들어야 한다.

가브리엘 샤넬, 패션 디자이너, 1883-1971

Search others for their virtues, thyself for thy vices.

Benjamin Franklin Politician, 1706-1790

타인에게는 그들의 장점을 찾고, 당신 자신에게는 결점을 찾아라.

벤자민 프랭클린, 정치인, 1706-1790

YOU, THE PEOPLE HAVE THE POWER TO MAKE THIS LIFE FREE AND BEAUTIFUL!

from movie ≪The Great Dictator≫, 1940

여러분은 인생을 자유롭고 아름답게 할 힘을 가졌습니다!

영화 ≪위대한 독재자≫(1940) 중에서

Respect yourself and other will respect you.

Confucius Thinker, B.C. 551 - B.C. 479

스스로 존경하면 다른 사람도 당신을 존경할 것이다.

공자, 사상가, B.C. 551-B.C. 479

I'D RATHER BE HATED FOR WHO I AM THAN BE LOVED FOR WHO I'M NOT.

Kurt Cobain Musician, 1967-1994

다른 누군가가 되어 사랑받기보다 있는 그대로의 나로서 미움받는 것이 낫다.

커트 코베인, 뮤지션, 1967-1994

*But your solitud
and a home
in the midst of
circumstances, a
find all y*

vill be a support

or you, even

ery unfamiliar

d from it you will

ur paths.

from book 『Letters to a Young Poet』
Rainer Maria Rilke Poet, 1875-1926

당신의 고독은 매우 낯선 상황 속에서도 당신을 위한 안식처가 될 것이며,
그로부터 모든 길을 찾을 수 있을 것입니다.

저서 『젊은 시인에게 보내는 편지』 중에서
라이너 마리아 릴케, 시인, 1875-1926

The most courageous act is still to think for yourself.
Aloud.

Gabrielle Chanel Fashion Designer, 1883-1971

가장 용감한 행동은 자신만을 생각하는 것이다. 큰소리로.

가브리엘 샤넬, 패션 디자이너, 1883-1971

BETTER A DIAMOND WITH A FLAW THAN A PEBBLE WITHOUT.

Confucius Thinker, B.C. 551-B.C. 479

흠 없는 조약돌보다 흠 있는 다이아몬드가 더 낫다.

공자, 사상가, B.C. 551-B.C. 479

SOMETIMES IT FEELS LIKE I TRY SO HARD TO LIVE THAT *I DON'T* ACTUALLY HAVE TIME TO ENJOY LIFE.

from movie ≪Dallas Buyers Club≫, 2013

가끔은 살려고 애쓰다가 정작 삶을 누릴 시간이 없는 것 같아.

영화 ≪달라스 바이어스 클럽≫(2013) 중에서

Love the life you Live.

Live the life you Love.

Bob Marley Singer, 1945-1981

당신이 살고 있는 인생을 사랑하고, 당신이 사랑하는 인생을 사세요.

밥 말리, 가수, 1945-1981

You will never truly know yourself, or the strength of your relationships, until both have been tested by adversity.

Joan K. Rowling Novelist, 1965-

시련을 겪어보기 전까지는
우리 자신과 우리가 맺고 있는 관계가 얼마나 강한지 알 수 없을 겁니다.

조앤 K. 롤링, 소설가, 1965-

BE YOURSELF. EVERYONE ELSE IS ALREADY TAKEN.

Oscar Wilde Writer, 1854-1900

당신 자신이 되어라. 다른 사람의 자리는 이미 차 있다.

오스카 와일드, 작가, 1854-1900

I WORK FOR MYSELF.

Sarah Moon Photographer, Film Director, 1941-

나는 나 자신을 위한 작업을 한다.

사라 문, 사진작가, 영화감독, 1941-

This World Is But Canvas To Our Imaginations.

Henry David Thoreau Writer, 1817-1862

이 세상은 우리의 상상을 마음대로 그려보는 화폭에 불과하다.

헨리 데이비드 소로, 작가, 1817-1862

You have your own rules.
You have your own understanding of
yourself, and that's what you're going to
count on. In the end, it's what feels
right to you. Not what your mother told you.
Not what some actress told you.
Not what anybody else told you but
the still, small voice.

Meryl Streep Actress, 1949-

당신은 당신만의 규칙이 있다. 자신에 대한 자신만의 이해를 가지고 있고, 그것에 의존하게 될 것이다.
결국 그것은 당신에게 옳다고 느끼는 것이지, 당신의 부모가 당신에게 말한 것이 아니다.
다른 사람들이 당신에게 해준 말이 아니라, 당신 자신이 내는 조용하고 작은 목소리이다.

메릴 스트립, 영화배우, 1949-

GOD GAVE US THE GIFT OF LIFE, IT IS UP TO US TO GIVE OURSELVES THE GIFT OF LIVING WELL.

Voltaire Writer, Thinker, 1694-1778

신께서 우리에게 삶이라는 선물을 주셨고,
그것을 좋은 삶으로 만드는 것은 우리 자신에게 달려있다.

볼테르, 작가, 사상가, 1694-1778

Now is no time to
do not have. Thi
do with th

지금은 당신이 갖지 못한 것을 생각할 때가 아니다. 여기서 할 수 있는 일을 생각해라.

저서 『노인과 바다』 중에서
어니스트 헤밍웨이, 소설가, 1899-1961

hink of what you
of what you can
t there is.

from book 『The Old Man and the Sea』
Ernest Hemingway Novelist, 1899-1961

BEING ABLE TO MAKE A LIVING DOING SOMETHING ONE TRULY LOVES TO DO – IS MY DEFINITION OF SUCCESS.

Cindy Sherman Photographer, 1954-

진정으로 하고 싶은 일을 하면서 생계를 꾸려 나가는 것이 제 성공의 정의입니다.

신디 셔먼, 사진작가, 1954-

HOWEVER
VAST THE DARKNESS,
WE MUST SUPPLY
OUR OWN LIGHT.

Stanley Kubrick Film Director, 1928-1999

세상의 암흑이 클지라도 우리는 각자의 빛을 찾아야만 한다.

스탠리 큐브릭, 영화감독, 1928-1999

HAPPINESS IS SALUTARY FOR THE BODY BUT SORROW DEVELOPS THE POWERS OF THE SPIRIT.

from book 『In Search of Lost Time』
Marcel Proust Novelist, 1871-1922

행복은 몸에 유익하지만 슬픔은 영혼의 힘을 길러 준다.

저서 『잃어버린 시간을 찾아서』 중에서
마르셀 프루스트, 소설가, 1871-1922

THE BEAUTY OF A WOMAN IS NOT IN A FACIAL MODE BUT THE TRUE BEAUTY IN A WOMAN IS REFLECTED IN HER SOUL.

Audrey Hepburn Actress, 1929-1993

여성의 아름다움은 얼굴에서 나오는게 아니다.
여성의 아름다움은 그녀의 영혼을 반영한다.

오드리 헵번, 배우, 1929-1993

What makes you different or weird,
that is your strength.

Meryl Streep Actress, 1949-

무엇이 당신을 다르게 만드는가, 그것이 당신의 힘이다.

메릴 스트립, 영화배우, 1949-

YOU HAVE TO HAVE
CONFIDENCE
IN YOUR ABILITY,
AND THEN BE TOUGH
ENOUGH TO FOLLOW
THROUGH.

Rosalynn Carter Essayist, Political Activist, 1927-

자신의 능력을 믿어야 한다. 그리고 끝까지 굳세게 밀고 나가라.

로절린 카터, 수필가, 사회운동가, 1927-

Believe in yourself!
Have faith in your abilities!
Without a humble but reasonable confidence in your own powers you cannot be successful or happy.

Norman Vincent Peale Minister, Writer, 1898-1993

자신을 믿어라! 자신의 능력을 신뢰하라!
겸손하지만 합리적인 자신감 없이는 성공할 수도 행복할 수도 없다.

노먼 빈센트 필, 목사, 작가, 1898-1993

WE NEVER LOVE ANYONE. WHAT WE LOVE IS THE IDEA WE HAVE OF SOMEONE. IT'S OUR OWN CONCEPT - OUR OWN SELVES - THAT WE LOVE.

Fernando Pessoa Poet, 1888-1935

우리는 아무도 사랑하지 않는다. 우리가 사랑하는 것은 어떤 사람에 대해 우리가 갖고 있는 생각이다.
이는 우리가 만든 개념이므로 결국 우리는 우리 자신을 사랑해야 한다.

페르난도 페소아, 시인, 1888-1935

Don't bother just to be
better than
Your Contemporaries
or Predecessors.
Try to be better than
Yourself.

William Faulkner Writer, 1897-1962

남들보다 잘하려고 고민하지 마라.
지금의 나보다 잘하려고 애쓰는 게 더 중요하다.

윌리엄 포크너, 작가, 1897-1962

LIFE IS A LOT LIKE JAZZ. IT'S BEST WHEN YOU IMPROVISE

George Gershwin Composer, 1898-1937

인생은 재즈와 많이 닮았다. 즉흥적으로 하는 게 제일 좋다.

조지 거슈윈, 작곡가, 1898-1937

Every time you state what you want or believe, you're the first to hear it. It's a message to both you and others about what you think is possible. Don't put a ceiling on yourself.

Oprah Winfrey Broadcaster, 1954-

당신이 바라거나 믿는 바를 말할 때마다, 그것을 가장 먼저 듣는 사람은 당신이다.
그것은 당신이 가능하다고 믿는 것에 대한, 당신과 다른 사람 모두를 향한 메시지다.
스스로에 한계를 두지 마라.

오프라 윈프리, 방송인, 1954-

You need chaos in your soul to give birth to a dancing star.

Friedrich Wilhelm Nietzsche Poet, Philosopher, 1844-1900

춤추는 별을 탄생시키려면 반드시 내면에 혼돈을 지니고 있어야 한다.

프리드리히 빌헬름 니체, 시인, 철학자, 1844-1900

Your success and happiness lies in you. Resolve to keep happy, and your joy and you shall form an invincible host against difficulties.

Helen Keller Political Activist, 1880-1968

당신의 성공과 행복은 당신 안에 있습니다.
행복하게 지내기로 결심하고 찾으세요,
그러면 기쁨과 함께 어려움에 정복 당하지 않는 무적의 주인이 됩니다.

헬렌 켈러, 사회 운동가, 1880-1968

WHILE I'M HERE, I WANT TO ALLOW MYSELF JOY.

From movie ≪Her≫, 2013

이 세상에 있는 동안, 나는 내 스스로가 행복했으면 좋겠어.

영화 ≪그녀≫(2013)중에서

LEARNING TO LOVE YOURSELF, IS THE GREATEST LOVE OF ALL.

Whitney Elizabeth Houston Singer, 1963-2012

자신을 사랑하는 법을 아는 것이 가장 위대한 사랑입니다.

휘트니 엘리자베스 휴스턴, 가수, 1963-2012

Writing Note

당신의 마음을 움직인 문장들을 외울 때까지
반복해서 적어보세요.

A

AGNES VARDA	아녜스 바르다	'누벨바그의 어머니'라 불린 프랑스 영화감독이다. 대표작으로 《5시부터 7시까지의 클레오》, 《아녜스 바르다의 해변》 등이 꼽힌다.
ALBERT CAMUS	알베르 카뮈	프랑스의 소설가이자 극작가로 1942년 대표작 『이방인』 발표를 시작으로 부조리한 인간과 사상을 이야기했다.
ALBERT SCHWEITZER	알베르트 슈바이처	아프리카에 병원을 개설한 의사이자 선교사로서 인류애를 실천한 공로로 1952년 노벨 평화상을 수상했다.
AMY WINEHOUSE	에이미 와인하우스	영국의 싱어송라이터로 ‹Frank›, ‹Back to Black› 등을 발매했다.
ANDY WARHOL	앤디 워홀	현대 미술의 아이콘이자 미국 팝아트의 선구자. 시각 예술 전반에서 혁명적인 변화를 주도했다.
ANNA FREUD	안나 프로이트	아동 정신분석, 교육학과 소아과 그리고 가족법 등 분야에 영향을 끼쳤다. 중요한 저작으로 『아동기의 정상성과 병리학』을 꼽을 수 있다.
ANNA POLITKOVSKAYA	안나 폴리코브스카야	러시아의 기자이자 인권 운동가로 러시아군의 학살이나 폭력 실태를 고발하는 기사를 보도했다.
ANNE FRANK	안네 프랑크	나치 치하의 독일에서 태어난 유대인 소녀이다. 나치스를 피해 2년 동안 숨어지내면서 기록한 일을 『안네의 일기』로 출판했다.
ANTOINE DE SAINT-EXUPÉRY	앙투안 드 생텍쥐페리	전 세계적으로 사랑받는 『어린왕자』를 집필한 프랑스의 소설가이자 비행기 조종사이다.
ARTHUR SCHOPENHAUER	아르투어 쇼펜하우어	플라톤과 칸트의 사상에 영향을 받은 독일의 염세주의 철학자이다. 19세기 말 사상가들에게 영향을 끼쳤다.

H

P

REFERENCE

«DALLAS BUYERS CLUB»
달라스 바이어스 클럽, 2013

시한부 선고를 받은 한 남자가 세상에 맞서며 7년을 살았던 실화를 다룬 영화이다.

«HER»
그녀, 2013

인공지능 운영체계에 사랑을 느끼는 한 남자의 멜로 영화이다.

『IN SEARCH OF LOST TIME』
잃어버린 시간을 찾아서

프랑스 소설가 마르셀 프루스트의 대표 작품이다.

『LETTERS TO A YOUNG POET』
젊은 시인에게 보내는 편지

라이너 마리아 릴케가 한 젊은이에게 보낸 편지를 엮은 서간집이다.

«LIFE»
라이프, 2015

무명 배우와 신인 사진작가의 이야기를 다룬 영화이다.

«MOONLIGHT»
문라이트, 2016

아이가 소년이 되고 청년으로 성장해 가는 과정 속 사랑과 정체성에 관한 이야기이다.

«THE GREAT DICTATOR»
위대한 독재자, 1940

아돌프 히틀러와 나치즘에 대한 풍자와 조롱을 담은 영화이다.

«THELMA & LOUISE»
델마와 루이스, 1991

평범한 두 여성이 현실 속에서 장애물에 부딪히는 이야기를 다룬 미국 로드 무비이다.

『THE OLD MAN AND THE SEA』
노인과 바다

1953년 퓰리처상을 받은 헤밍웨이의 대표작으로 늙은 어부를 소재로 한 소설이다.

일러두기

1) 단행본은 『 』, 잡지와 음반은 〈 〉, 영화는 « »로 표기했다.
2) 외래어 표기는 국립국어연구원의 외래어표기법을 기본으로 하되, 통용되는 일부 표기는 허용했다.

발행처	어반북스
발행인	이윤만
편집장	김태경
기획	아틀리에 드 에디토
책임편집	김현의
편집	송혜민
디자인	mykc
커뮤니케이션	이지현
사진제공	게티이미지코리아
펴낸곳	어반북스
주소	경기도 하남시 미사대로 540 B동 328호
홈페이지	urbanbooks.co.kr
이메일	info@urbanbooks.co.kr
연락처	070-8639-8004
ISBN	979-11-89096-13-7

문장수집가
2020년 2월 7일 초판1쇄 인쇄
2020년 2월 17일 초판1쇄 발행
2023년 5월 1일 7쇄 발행
가격 18,500 KRW

Áｅ

『문장수집가』는 도시 콘텐츠 전략 미디어 그룹 어반북스에서
2020년 봄, '앞으로의 라이프스타일'을 탐구하고 실천하는
'아틀리에 드 에디토 Atelier de Edito' 레이블을 론칭하면서
선보이는 첫 번째 프로젝트입니다. 넘쳐나는 언어의
홍수 속에서 사유의 문장들을 수집, 소개하는 북 시리즈로,
첫 호에 수집한 문장들은 '있는 그대로의 나를 사랑하는 법
Love Myself' 입니다.